JN411222

고호 산문시 1집

너 아니면 나의 이야기

고 호 지음

고호 산문시 1집

고 호 지음

너 아니면 나의 이야기

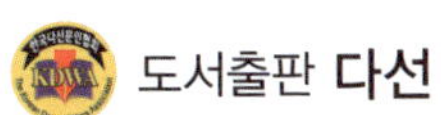

도서출판 다선

머리글

"숨과 숨 사이의 인연을 남기리"

8월 말 무더위의 어깨가 꺾일 무렵, 오랜 시간을 갈등하고 준비해온 첫 시집 출간을 결정했다.

시집을 출간하는 이유는 산다는 것에 간혹 숨이 막힐 것 같아서였다.

산다는 것, 만남의 연속이고 그 만남은 운명적이거나 선택적이어야 하는데 세상에는 자기만 모두 옳은 사람과 남에게 상처받기 싫어하면서 아무렇지 않게 타인에게는 상처를 주는 사람들 투성이로, 다만 표현들을 안 할 뿐이지 누구나 지친 삶을 살아가고 있다는 생각을 했다.

그런 생각은 누구에게나 책 몇 권 쓸 만큼의 살아온 시간들 속에 다만 표현을 안 하거나 못 했던 동질감과 공감이 우리에게는 존재할 것이라 생각이 들면서, 누군가에게 말을 하고 싶거나, 누구에게도 말을 못 하는 우리들의 공통된 사는 이야기를 시로 만들고 싶었다.

우리는 모두 동시대를 살아가면서 생명의 '숨' 과 '숨' 으로 만나 그것이 좋은 인연이 되었건, 나쁜 인연이 되었건 서로 공존한다.

이런 우리가 사람으로 태어나 죽는 그 순간을 서로 공유하고 각자 남은 생을 잘 살았으면 하고 소망해, 이 '공감' 을 시로 남기고 싶었다.

3년을 시를 쓰는 일에 집중했다.
그리고 결국 〈너 아니면 나〉가 겪은, 겪어야 할 이야기들을 모아 일을 저질렀다.

2년 동안 몇몇 출판사들과 미팅과 섭외가 있었으나 코로나19 사태로 지연이 되다가 운명처럼 도서출판 다선문학 김승호 회장님께서 마음으로 손을 잡아주셔서 출간을 결심했다.

김승호 회장님의 따스한 포옹과 용기 불어넣어 주심으로 이번 시집을 연작으로 3편까지 기획하게 되었고, 드디어 1집 『너 아니면 나의 이야기』를 출간하게 된 것이다.

살면서 세상 많은 〈인연〉 속에 좋은 분들, 감사한 분들, 고마운 분들을 축복처럼 만나서 살아왔지만 나는 늘 그분들께 부족한 존재임이 가슴 아팠다.

쑥스러워 말은 못 하지만 이 첫 시집을 그분들께 마음으로 바친다.

일일이 존함을 밝히지는 못하지만 늘 응원해주시고 용기를 주셨던 모든 분들, 혹이라도 누락될까 그냥 그 모든 분들을 〈애인〉으로 표현해 나의 애인들께 머리 숙여 감사드린다.

당신은 나의 〈애인〉입니다.
'숨' 과 '숨' 사이에 운명적으로 만나 숙명적인 인연으로 함께 사는 이 세상, 저는 제 숨이 다하는 그날까지 〈인연〉으로 〈당신〉을 남기고자 합니다.

감사합니다.

2022. 8. 18.
의송, 고 호

추천사

"너 아니면 나의 이야기"

다선 김승호

교육학 박사
(사)한국다선문인협회 회장

먼저 수필가로서 언론인으로 발군의 노력과 열심히 자기 계발과 민중의 대변인 역할을 충실히 해온 고 호 작가의 첫 시집을 상재하는 것을 축하합니다.

또한 무엇보다 가정의 평안과 안녕을 중시하며, 내조해 오신 사모님과 자녀분들께도 격려를 드립니다.

책 한 권이 나오기 위해서는 작가의 노력뿐만 아니라 고뇌와 역경이 녹아나야 가능합니다.

더욱이 많은 시련과 애환이 없이 달콤한 사탕발림만으로는 독자 현위께 감동과 공감을 줄 수 없다는 사실입니다.

삶을 통해 자신의 경험과 이력으로 쌓아진 내공에서 나오는 필력은 모두가 공감하고 이해하며, 함께하기에 충분하기에 책의 추천을 드리고자 합니다.

몽계 1권 "나 아니면 너의 이야기"는 한 사람의 인생 연대기를 다룬 인생 詩라고 할 수 있습니다. 누구나 한 번쯤 고민하고 생각할 수 있는 스토리로 발간이 되는 시집은 "평범한 사람이 태어나 성장과 죽음에 이르기까지" 파노라마와 같은 우리들의 일생을 그렸으며, 앞으로 2권, 3권으로 연재될 시리즈물입니다.

(사)한국다선문인협회
회장 김승호

차례

너 아니면 나의 이야기

우리들의 사는 공감 이야기가 시작됩니다.

너 아니면 나

난
구름이다

나는
바람이다.

내가
하늘을 떠도는
구름과 바람이라면

너는
내가 이 땅에서
숨 쉬고 바라본
허공이고, 하늘이다.

나 아니면 너는
이 땅의
어느 하늘 아래서
남모르게

때로는

운명처럼
인연이 닿거나

때로는
숙명처럼
헤어짐이 다가오지만

그냥 살자꾸나
거부하거나
비켜서 가려고
하지는 말고,

언젠가
허공 속에는

너가 없을 것이고

하늘 곁에는
내가 없을 것이니
그냥 살자.

그래도
세상 어느 구석에는
바람결에 휘날려

너 아니면
나의 이야기가
흔적이 되어

누군가의
기억 저편에라도
남아있을 것이라 생각하고.

photo by 홍희정

몽계(夢界)

꿈을 걷듯
살아간다

구름같이
세상을 흘러서.

밤늦은 가로등과
눈빛이 교차하듯
나는 이승을 걷는다.

몽계(夢界)의
그 길만이
저승으로 향하는 고독감 속에
묵언의 나를 지탱하려고.

나는 걷는다
이 기억할 수 없는 발걸음을
멈춤도 없이.

떠나갈 나의
그림자를 찾아

현실세상을
꿈길 걷듯.

photo by 소희연

산다는 것

산다는 것은
그냥 살거나

사니까
살게 되거나

살아있으니까
살 수밖에 없는 것.

아니면
나같이

산다는 것은
이유를 만들고
숨 쉬는 명분만 있을 뿐이지,

그럼에도
돌아보면

그 끝에 늘 사람들에게는
결국엔

나 혼자
살아가는 것이
산다는 것이더라.

photo by 소희연

부모

묵직한
기억이
그리움이란 것을

시간이
가버린 만큼

몸속에서
자라난
보고픔으로 물들게 된다.

힘없이 주저앉아
폐부 끝에서
끄집어낸 그 이름

어느덧
부모 되어

내가 그만큼 짊어진
삶의 무게를
가신님들에게

미안한 마음으로 바라본다.

잘 해내고 싶다
그리고 덜어내고 싶다
나에게 베풀었을
아파오는 그리움만큼이나.

photo by 홍희정

핏줄

한없이
보고 싶은
생각이 문득 들 때면

그 누구보다
내가 사랑하고
있었음이 아파진다.

어쩌면
우리는 한 부모가
잉태한 만남으로 시작해

그 누구보다
사랑하는 형제가 되고
자매가 되며
오누이가 되었거늘,

세월이
부르는 삶이

서로가 다른

둥지를 틀어

부모의 품을 떠나게 했어도

늘
곁에 없이
살면서도

서로의 자리를
고이 남겨둔 사랑

그 이름을
우리는 형제라 말하고
핏줄이라 부른다.

photo by 오경아

가족

흐린 눈으로
담배 한 모금
아니면

한잔의 혼술로
외로울 때 아파온다.

전철 안
지나치는 노을 속에
떠오르는 얼굴들

이제 와서
세월의 언저리에
가슴이 미어지도록

후회가 되는
잦은 서운함과
애증 섞인 다툼의 시간들이

그래도
서로가 몰랐던

사랑함이
기억으로 되살아난다.

무슨 날이었는지
환하게 웃으며

북적이면서 둘러앉아
새벽이 밝아도

서로를 손끝 정으로
부비던 시간의 기억들.

그래서
더 말할 수 없어

끝내 살면서 아픈 것을
털어놓지도 못하고
가슴에 남겨놓게 되는

그래도 붉게 진해서
끊어낼 수가 없는
늘 그리운 관계성

그 이름이 가족이더라.

photo by 홍희정

식구

부모의
품 안에서
자식이란
인연들로

살아낸 세월은
한여름
땡볕을 버티는
그리운 힘이 되어
휘청이는 나의 숨을
붙들고 막아선다.

결국엔
내가 세상에
모진 비정으로

쓰러지려고 할 때는

막막한
눈물 속에서도
엷은 기억으로

그들과
함께한 짧은 장면이
웃음 되어 스치더라.

단 하나의
버릴 수가 없는 단어

나를 파고드는
그 이름이 그립고

내가 가진 것이
내게 남은 것이
한평생 식구 이것밖에 없더라.

photo by 홍희정

탄생 그리고 시작

내
삶의 시작이

부모의 사랑이
쌓이면서 시작됐다.

그런
하루들이

종과 횡으로
그렇게
시간들이 쌓여서
내가 되더니

결국엔

다시는
지울 수 없는
탄생이 되고

살면서

선명하게
그어질
아픔과 슬픔이

가늘게 새겨질
기쁨과 환희도 시작된다.

점같이 박힌
내 인생이

종으로, 횡으로
지워지지 않을
유일한 선으로
나는 그렇게 삶을 시작한다.

비록 운명이
진하게 남아

거리에
군상이 되어
살게 될지라도

그래도 시작은
희망
그런 새 생명으로.

photo by 홍희정

첫울음

그렇게
첫 숨 쉬며 만났어.

두 눈에
부모로 담으면서

노란 봄
아니면 파란 여름

그렇지 않으면
갈색 가을이거나

이것도 아니면
하얀 겨울에

하늘과 땅 사이에
엄마, 아빠가 사는 이유의
전부가 되어버린 나.

그렇게 내가 기억할 수 없는 첫울음은.

photo by 홍희정

천륜

실눈을 떠서
따스한 엄마를 담는다.

강보에 싸여
끝없는 사랑에 젖어서

밀려드는
엄마와 아빠의 손길에
두 손에 엄마 젖을 가득 쥐고
체온을 느낀 나

기약 없는 그 날이
죽는 날까지 잊을 수 없게.

그리고 만난다

엄마 뱃속에서 나와
그 큰 아빠의
포근한 첫 품 안을

죽을 때까지 끊을 수 없는 만남으로.

photo by 소희연

이름

나는
처음 불렸다.

세상 와서
피어나기 시작한

들풀 같은
나의 작은
숨결을 대신해서

곧
살아가야 할
수많은 나날 속에

내가 되어
불려야 하는
이름을.

부모님은
간절한 소망을 담아
내게 주었다

내가 살아가야 할
운명의 표식으로.

photo by 장유선

칭얼거림

애써 재우려 한다
칭얼거리는 나를

엄마의 손끝이

고단한 하루가
등 뒤 창밖으로
날이 밝아오는데도.

애써 안으려 한다
보채는 나를.

아빠의 지친 등이

무딘 눈가에 덜 깬 잠은
덜 깬 손에 분유 들고
새벽이 가는 내내.

그렇게
내 칭얼거림조차도
엄마와 아빠에게는

아주 소중함으로.

photo by 홍희정

뒤집기

큰다
내가

비로소
뒤집기를 하면서.

항상
누운 버둥거림에

혀 내밀고
엄마만 바라보던
나 이였는데.

이제
세상을 기려고 한다

포동한
조막손에

젖살 뽀송한
작은 입이

옹알거림으로.

큰다
오늘 하루도
엄마의 손길
아빠의 미소 끝에

비로소
뒤집기를 하면서.

photo by 홍희정

부모 마음

어떻게
그 마음엔
나밖에 없어.

끝없이
오직 나만 품고

매일
그 마음에는
어떻게 나밖에 없냐고.

말을 못 하는 나니까

그냥 눈웃음만 보내
엄마에게.

말을 못 하는 나니까
그저 옹알이만 해봐
아빠에게.

오직 나만 바라보는
부모 마음도 모르면서.

photo by 홍희정

어버버

당신에게
첫 어버버라고
말을 했습니다

마치
엄마라고
말하는 것처럼.

알아듣지도 못하면서
엄마가
기쁨을 끌어안도록

당신에게
첫 어버버라고
말했습니다

마치 아빠라고 들리는 것처럼.

알아듣지도 못하면서
아빠는
희망을 품어 안았습니다

삶의 전부인 것처럼.

그것은
내가 표현한
첫 언어였으니까.

photo by 홍희정

첫걸음

첫걸음을
두 팔 벌려
엄마에게로.

그 뒤뚱거리는
한 발 한 발은
아빠의 웃음 곁으로.

그러므로 컸나 보다

그러므로 행복했나 보다.

끝내 다섯 걸음을
걷지 못했음에도

이미 엄마나 아빠에게는

내가 산다는 것에
전부가 되어 있더라.

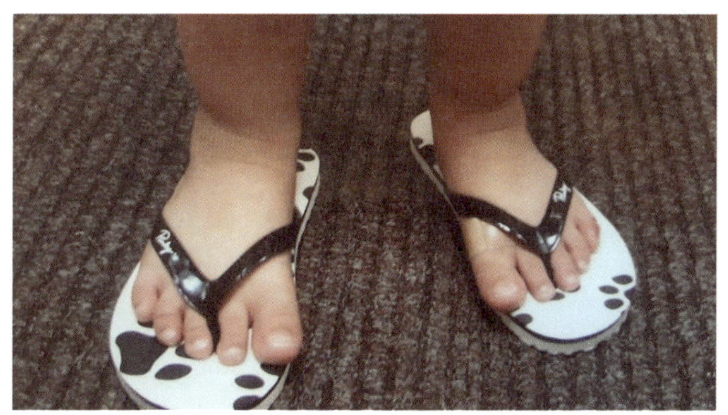

photo by 홍희정

아픈 새벽

아픈 새벽이 깨운다
엄마와 아빠를.

시계 초침 소리만
근심에 머물게 하는
아픈 새벽은

내 몸이
엄마를 울게 하고
아빠를 당황스럽게 할 뿐.

애써
부모를 바라보는
내 풀린 눈에는
힘이 없어 보였다.

또다시
들리는 건

끝없는
엄마의

가슴 앓는
젖은 소리뿐.

photo by 장유선

첫 나들이

나는
이름마저 잊은 듯

태어나
처음으로
바라본 넓은 하늘을

흩날리는
봄꽃같이
기억한다.

엄마와 아빠의
시선과 손길은
그저 신기해하면서도
걱정 가득한 표정.

오늘 알았다

그날
나의 첫 외출이
아빠, 엄마에게 어땠을지.

내 아이
첫 나들이에

너무나 보고픈
또렷한 기억으로.

photo by 고 현

아빠의 장난감

때로는
생각이 납니다
아득한 기억 속에서.

아빠와
떠오르는
병원놀이 옆에 바비인형들.

그때는 몰랐던
마음이 부모 되어

잡은 아이 손에
힘이 갑니다
그리움이 깊어질수록.

내 속에 기억된
아빠의 미소가
내게 그랬듯

장난감을 든
내 아이 앞에서

하늘 보고 웃픈 웃음 지으며.

photo by 최윤정

엄마가 온 듯합니다

엄마가 온 듯합니다
입에 머리끈 물고
딸아이 빗질하는
내 마음에.

어느 세월
어디에서인가

내 딸아이에게도
내가 찾아갈 날이
찾아올 것입니다.

세월이 지나
똑같을 수가 없는
보고픔이나

나이를 먹어도
부분만 틀릴 뿐
다를 수가 없는
그리움으로,

걷잡을 수 없는
애잔한 마음에

딸아이 머리를 쓸어내리는
내 손끝에

엄마가 나를
찾아온 듯합니다
가슴 먹먹하게.

photo by 소희연

입학하는 날

그날은
아침 새 지저귐 속에
분주했다
내 기억으로는.

들뜬 마음에
뒤척인 눈 비비며
단박에 일어났었다
내 기억으로는.

학교에 입학한단다

난
벌써 여덟 살이라서.

눈 감으니 떠오른다.

목에
수건 두르고
코 풀어주던 우리 엄마
포근했던 그 손

분주한
엄마의 아침 끝에
고봉밥 한 그릇에
내가 학교에 간단다.

가슴에 손수건 달고.

새 옷에
새 책가방
등에
메고서는

학교에 갔었다
가물할 기억 속에 나.

감은 눈을 떠보니
그곳에 서 있다 내가.

내 아이 손을 잡고
입학하는 날에.

photo by 홍희정

친구

네가
내게
이유로 왔다.

친구로
함께해야 할
이유가 되어
너는
내게 그렇게 이유로 왔다.

네가 나에게
존재함으로
내 모든 것이
되어주고

나는 너의
전부가 되기 위해
우리는
그렇게 친구로 왔다.

너는 내 세상에

나는 네 마음에

태어나 처음으로
마음 준 까닭이므로.

그렇게
기억 저편의
교실 안 화분같이
남아있는 너는.

photo by 고 현

달고나

생각이 많아진다

손에 쥔 달고나 한 조각에.

북적이는 학교 앞

5월이 희미하게

어설픈
열 두세 살 기억은

입으로 기억이 달고
눈으로는 함박웃음에
희미한 그날의 아득함.

학교 앞 모퉁이
허름하게 늙은 아저씨
연탄불 위에는
황갈색 달고나 국자와
쪼그려 앉아
바늘로 달고나 모양을 긁는 친구들.

보인다

노을을
등지고 옹기종기
사과 궤짝 앞에
내 어릴 적 동무들.

학교 앞

노을
먹은 공터는
그대로인데

헤어진
내 까까머리, 갈래머리 친구들은
지금은 어디에 갔을까?

손에 쥔
달고나가
녹는다

내려앉는 어둑함 속에
눈물도 못 감추고 있는데.

photo by 오경아

첫사랑

빨간 공중전화기가
우두커니 거리에서
나를 바라본다.

눈을 감으니
떠오른다

첫사랑이
내게 온 그날이.

청춘이 시작된
열여섯 학창시절

두근거림 속에
건네준 하얀 쪽지

마침내 걸려왔다

안방 TV 옆
손 떨리는 수화기 속
첫사랑

너의 목소리가.

잊을 수 없이 기억한다

그날 이후

이불을 뒤집어쓰고
밤새 속삭였던 고백과
제과점 맘모스빵과 우유잔 앞에
너의 하얀 웃음.

내 생애에
잊을 수 없는
나만 알고 있는
그 첫사랑이 웃는다.

아득한 세월 저 뒤에서.

photo by 홍희정

짝사랑

내 눈빛도
모르는 너

기다림에
지침도 없는
내 안에 너를

나는
어찌해야 한단 말인가?

열아홉 청춘이
언젠가 이뤄질
꿈을 꾸며

내 마음속에
들어있는
너를 세어본다.

짝사랑으로 물든
내 몸짓도 모르는 너

피어날
꽃을 심은 듯

내 안에
너를 가꾸는 나는
어떡해야 한단 말인가?

쭈뼛한 하루를
수없이 쌓아가면서

돌아서는
내 발걸음 속에

너에게
고백 못 한
숱한 하루를
세어본다

짝사랑이니까.

photo by 홍희정

비밀사랑

몹시도
모든 것을
주고 싶은 사람이면서

갖고 싶은 사람을
스물이 되어서야 만났어.

엷은
첫 키스가
때론
깊어진 포옹으로

죽는 날까지
잊을 수가 없는
아련함이 될 줄이야.

그리고
기억의 시간들이
간직한 비밀스러움.

그것은

그날이 오면

무덤에만
가져가야 할
내 심장에
새겨진 기억들이 되더라.

진짜 첫사랑
지금은 발설할 수 없는
내 눈과
내 마음과
내 청춘이 기억하는
그것은 그런 것이더라.

photo by 홍희정

인연

인연은
만들고 싶어서
만들어지는 것이 아니지.

만든 인연은
인연이라 할 수가 없는 이유를

나중에

아주 나중에
깨닫게 되는 것이니

운명 같은 인연이라면

아마도

청춘이 시작된 내 삶에 스며든
만남이나

내게 남는 인연이 될 테니까.

photo by 최윤정

진한 사랑

물드는 것과
적시는 것은
다르다.

네가 내게
물들고
내가 너를
적시는 것

서서히
스며들어
너가 나를
침식시키는 것.

스물두 살에 알게 된

그것이
진짜 진한 사랑이라 하더라.

photo by 고건

갈등

바라보고
바라보며

또 하염없이
그렇게 바라만 보았다.

그 사람이
허락도 없이

내 마음을
또다시 열고
들어왔지만

이제는
그 사람이

마음의
언저리만 맴돌 뿐.

바라보는 마음이
물어본다

내게는
가야 할 길이 멀어
청춘의 꿈으로

나 혼자
바라보고만 살아가도
행복할 수 있는지를

그 사람을
거부하고픈
이기적인 갈등만이.

photo by 고 현

패배감

기억들을
지우고 없애야만
내가 행복할 수가 있는지를

희뿌연 가로등 아래

고개 숙여
바라본 발끝이
웃고 서 있을 뿐이다.

내가 했던
지난 4년 대학캠퍼스
모든 계절들이 자괴감으로
첫 탈락과
인정하고 싶지 않은 패배감,
태어나
치열한 경쟁 속에

내가
대답을 못 할 만큼
머릿속이 난해하다.

엄마가 보고 싶다
그것도 몹시나

난 너무 지쳤으니까.

photo by 홍희정

내 청춘

내 가슴이 쓰러진다.

온몸에
피가 빠져나간 듯.

눈만 깜박이며
바라보는 창밖.

그것은
서툰 내 청춘에 후회이며

그 쓰라린 서글픔이
내 마음을 쓰러지게 만든다
짜증나게.

내가 할 수 있는 일이라고는

먼 하늘을 눈이 시리도록
바라보는 것뿐

자꾸 후회되는 것은

스물다섯 내 청춘에
가버린 시간들

내가 다시 안아줄게
가여운 내 청춘아.

photo by 홍희정

밤의 꽃

눈을 감으면
나도 모르게 떠오르는 사람.

꽃도 아니면서
내음이 진동하는 사람.

그 어느 계절
숱한 밤이 되더라도

꽃처럼
기억으로
나를 찾아와

은은히
스며드는 향기가 될까

더럭
겁이 나는 사람.

잔잔한 밤바람에

소리도 없이 그 사람은

어느 날부터 나만의
밤의 꽃이 되었다
그렇게나.

photo by 홍희정

기다림

가을이라 읽고
겨울이라고 쓴다.

막연히
기대하는
내일과 달리
예전에 그랬듯이

첫눈이
펑펑 내리고
저 골목길 끝에서

그대가
내게 오기를
기다리는
얼어붙은 애잔함으로.

photo by 최윤정

한순간

사랑은 한순간이야.

그 한순간에
내가 너에게

아니면
너가 나에게
그리움으로
외로움으로

내 이름이라도
불러주는 것

들녘 바람을
바람개비처럼
사랑은 한순간이야.

하염없이
언덕 위에

말을 잊고 선 채로

그렇게 한순간.

photo by 오경아

내 봄

내게도
봄날로 올 줄 알았다.

봄은 내게
어김없이 왔고

너는 내 뺨에
따스한 봄바람이 되었다.

마음엔
포근함이
가득한 연유가

아마도
너를 기다리고
봄날을 기다려서가 아닐까.

스물아홉

너에게
잊히는 사람 말고

보고 싶은
사람으로 남고 싶어.

나는 너를

사랑하는
사람으로 품고 싶지

잊혀질 사람으로는
안고 싶지는 않아.

우리 사이
이럴 수만 있다면

너가 내게
다가와도 좋아
내 봄같이.

photo by 소희연

내 전부

나는
숨을 걸어

마음에 그녀를 새겨 넣었지.

그렇게 어느 날

그녀는
삶의 전부가 된 거야
내 나이 서른 살에.

그녀가
나보다
우선일 수밖에 없는
전부인 나날들.

내 인생에서만큼은

적어도
언젠가
내 숨이 안 쉬어지는

그날까지만.

photo by 고경현

애인

내게
남은 운명엔
그 사람 외에는 없기에

나는
그 사람을 애인이라 부른다.

나를 지우고
그 사람으로 나를 채워

내가
시들 수가 있어야만

그것을
사랑이라 부르니까.

적어도
내가 하는
나만의 사랑 방식으로는

그래서

그는
내 애인일 수밖에 없기에.

photo by 고경현

운명

너를
좋아하게 만들어

이미
내게 자신을
전부로 알게 만드는 사람

나에게 너는
운명이 분명하지만.

혼자 중얼거려봤어

너는
언제나
내가
살아있는 세월에선

결코
지울 수 없는
영원한 운명
내 편이라고.

photo by 오경아

아파하지 마

그림자가
길어져서
내게 안긴다

필연처럼
다가와

어쩌면
우리가 하나 되려고

그래서
시간들이
그토록
아픔투성이였나 보다

겨우
나 하나 만나서
네 꿈도 멀어질 정도로,

아파하지 마

내 가슴에
가만히 기대서 울더라도

기껏
나 하나 만나려고

토해내며
아파서 울었던 그날들이

억울하고 서러워도,

살아서 채워야 할 날들이
아직은 많이 남아있으니까.

photo by 소희연

내가 힘들었나 봐

내가
너무 힘들었나 봐

이제는
쓰러지고 주저앉은 것은 아니라서
천천히 가보려고,

살아가는 걸음을
애써 위안해 봐도

흐르는
눈물은
내가 사는
걸음이 지쳐서
많이 아팠거든.

내가 많이 지쳐있나 봐

무릎 꿇고
포기했던 것이 아니라
숨 고르며

가는 것이라고 악써볼래.

내가
너무 힘든 나에게.

photo by 고경현

너가 좋은 이유

너가
좋은 이유를
말해보라 하면

계절마다
기억으로
나를 스치듯

지나가는 만남보다
인연으로

너와 내가
묶여서라 말할래.

너가 좋은 이유를
말해보라 하면

내가 살아있는 순간에

네가 내게
어떤 의미로

각인되어

내 속에 너가
살고 있기 때문이라고

그냥
웃음으로만 말할래.

photo by 고건

너밖에 없더라

나의 사랑을

가만히
들여다보면
너밖에 없다.

그렇다고
너 없던 세상에서

밤하늘에
별을 같이 헤아려 본
사람이 없었겠니?

그렇지만

이제는
매 순간이거나

아니면
마음 저 끝을 파서

아무도
모르게 묻어도

썩지 않는 흙으로
남을 만큼
나에게는
정녕
너밖에 없더라
결국엔.

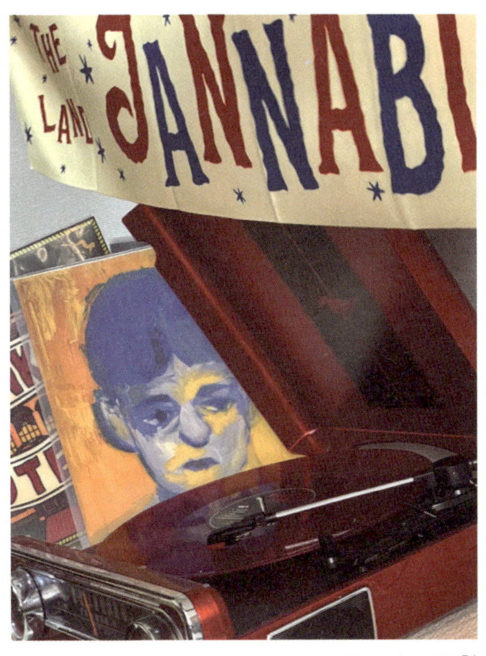

photo by 고현

지금 같아서는

너 여기 산다
내 마음에

너 여기 산다
내 눈에도.

너 거기에 있더라
저 하늘 구름 사이에

지금 같아서는
너 그렇게 있겠더라

나 숨이 끝나는 그날까지.

photo by 고현

꽃이 되지 않으리

지는 것이
꽃이라면

나는 당신의
꽃이 되지는 않겠습니다.

꽃으로 피워져
당신 품에 머물 수 없다면

나를 꽃으로 삼아
사랑하지는 마시라
감히 청하겠습니다.

그래야
꽃이 아름답다
말씀하시려거든

그래야만
나를 사랑하실 수 있다
말씀하신다면

나는
당신의
꽃이 되지는 않겠습니다.

나는 단지
당신만의
그녀가 되고 싶습니다.

계절만
피고 지는
꽃이 아닌

그저 당신의 여인으로 말입니다.

photo by 소희연

눈빛

눈빛을
들키고 싶지는 않았어

그러면
흔들리는
마음이 보일까 봐서,

괜시리
멍하니 하늘을 보았어

입술을
깨물며
있는 힘껏

두 손 꼭 쥐면서.

아니면
등 뒤에 서 있는

너를 내가
돌아봐

눈빛을 들킬까봐.

이러면
네가 체념해
놓지 않을까

독백하는
내 거지 같은
이 순간이 싫어지도록.

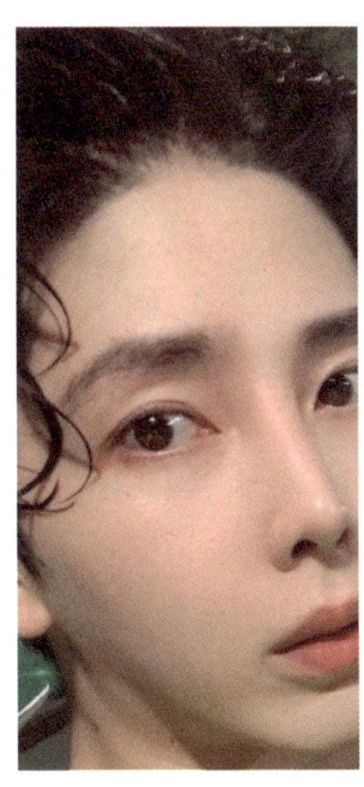

photo by 고경현

때로는

때로는
네가
낯설어 보일 때가 있다.

아득한 어둠에
떠 있는 검은 산처럼.

때로는
너의 낯섦을
바라만 봐야
할 때가 있다.

묵직한 바다에
떠있는
한 점 빛처럼

해가지듯
때로는

마음 변해

이별로 적당히 다가갈수록.

photo by 고 현

변심

사랑이
깊어질수록

이별은
가까워지는 법이야.

사랑은
깊이가
더해질수록

이별은
어려움으로
다가오는 거야.

사랑이
빛을 잃어갈 때
네게 말할지도 몰라

이별의 무게가
벅차오는 이유를

그때가 되면
말할지도 몰라

너는 내게
사랑의 의미가
될 수 없다고.

그것이 차라리
변심이 되더라도.

photo by 소희연

깨어진 꿈

너는 꿈이었다

나에게
전부가 되어버린 꿈.

나는 네가
내가 꿀 수 있는
영원한 꿈이길 바랐다

내게만 머무는 그런 꿈.

하지만
꿈은 깨어지더라.

텅 빈
방안에서

마른눈으로
어두운 벽이
나를 바라보는데

빈 가슴이 되어
줍지도 못한다

깨어진 내 꿈은.

photo by 소희연

서른 중반에

오래전부터 생각했다
말을 잘라버리고 싶다고.

아니
말을 잃어버리고 싶다.

굳이
이유를 말해야만 한다면

내 청춘에
사는 것을 잊고 싶으니까.

벌써
내 나이 서른 중반에.

아무튼
이룬 것이 없어

나만
외로우니까.

photo by 고 건

다시 하고픈 사랑

내가
하고픈 사랑은

내가
죽도록 사랑하는
사랑이 아니라

나를
죽도록 사랑해주는
그런 사랑이야.

내가
다시 가지고 싶은 사랑은

내가
죽도록 사랑할수록
아파지는 사랑이 아니라

나를
미치도록
그리워해주는

그런 사랑이야.

나보고만,
나에게만,
오늘도,
내일도,
소리 내서 울도록

아파하라는
그런 사랑 말고.

photo by 고경헌

가을같이

기꺼이 내게로 오라
우연히 마주친 듯.

내게 소리 없이
스며드는 바람으로

기꺼이 그 미혹함에
내가 빠져보리라.

얼굴도
모르는 네 마음이

나의 입술을 훑고
온몸을 쓸어 품음에

나는 전율로 답하여
기꺼이 사랑할 테니.

나는 굳이
눈을 감아 느끼는

이 소리 없는
손길을 놓지 않기 위해서

기꺼이
가을같이 너에게 안기리라.

네가
가을이며

바람을 타고 온
다시 하게 될
나의 사랑이니까.

photo by 고현

해바라기

그렇다

너를 보면

내 모습을
보는 것 같아
아려온다
마음 저림이.

늘 한 곳만
응시하고 살지만

마치
마음에는
수백 가지 사연과
애환이 박힌 것처럼

너도
겉으로는
샛노란 꽃잎이지만

속으로는
수백 개의
검은 씨앗을
품고 사는 게

어쩌면 그토록
나와 닮았는지.

해가
집으로
돌아가는 들녘에서

시선조차
다른 곳으로

옮겨 보지 않는
너의 이름은
해바라기.

그렇다

너의
그 미련한 사랑에

너를 보면

내 모습을
보는 것 같아

너가 밉고 나도 밉다.

해바라기라는
너의 이름이

내게는
가슴이 공허하도록
다가와

애꿎은 손톱만
물어뜯어

지는
너의 해만 바라보게 한다.
나 또한
미련스럽게.

photo by 소희연

마늘꽃

애써
너는 스스로
꽃이 아니라 말하지만

내가
본 꽃 중에

너는 내게
가장 아름다운 꽃이 되었다.

너는
화려하지도

눈길을 끄는
색감도 없지만

자세히 바라보면
정교하면서 당당한

아름다움이
그저 좋기만 하다.

그래서

너는 내게
세상에서 가장 귀한
꽃이어라.

마늘꽃으로

이 땅에
태어난 너를
그 태생과
이름만 가지고

그 누구도
사랑하지 않는다 해도

나는 너를
나만의 꽃으로 사랑하리라.

마늘꽃 너를
비로소 내 하나의 사랑으로.

photo by 최윤정

세상 하늘 아래

세상 하늘 아래
너만 한 사람 없더라.

또 다른
세상 하늘이

내게 오더라도
너보다
사랑스러움은
다시는 없을게다.

만일

또 다른 세상
하늘 아래

너 같은 사랑스러움이 또 있다 한들

너만큼
함께할 인연 또한
결코 없을 것,

아무리 생각해도

내가 아는 세상에
그렇게 사랑스러운 이는

너 하나밖에 없더라고
말하게 되더라
세상 하늘 아래엔.

photo by 고경현

결혼의 언약

내 생애
가장 찬란한 날 약속할게.

잊지 않을래

나 하늘에 가서도
너 하나만큼은

살아가면서
극심한 어려움을 만나

그 힘겨움을 토해내는
괴로움을 겪더라도

잊지 않을래
너 하나만큼은.

나 언 땅에 묻히는
그 날이 와도

격렬하게 사랑하고

아쉬움에 복받치는
서러움이 솟구쳐도

이 순간 결혼의 언약처럼
잊지 않을래

너 하나만큼은.

photo by 장유선

플로렌스

그녀가
그곳에 서 있다

쿠오모 성당에서
화려한 결혼식 후
시뇨리아 광장 사이

축복의
한복판에 서 있듯.

깜깜한 방에서
불도 켜지 않고
날 샌 눈빛으로

그녀가
그곳 언덕에
바람과 함께 서 있다.

이탈리아 피렌체 위
미켈란젤로 광장에서 바라보듯

단단히 빚어진
젊은 다비드상을 닮은 그를,

절벽 위에 홀로 핀
꽃의 눈으로

그녀는
화려한 축제 속에
속으로 되뇌인다

눈으로 마주 보고
입술로 느끼는

사랑을
온전히 피워내는
그런 아내가 되고 싶다고.

귓가에 단테가 바람 되어 속삭인다

그녀의 다비드상을 닮은
그는 말했다.

그녀의 새 이름으로
피렌체를 향기로 담아
'플로렌스' 라 부르겠다고.

세상에
모든 그녀들은

그날
가장 아름다운
플로렌스가 되었다

화려하게
그 특별한 날에.

photo by 고건

첫아이

깊다
네 눈빛이

보인다
내 속에 네가
너무 깊은 사랑으로.

홀로 하는
출산의 고통

그것은 나의 몫.

그리고
그에게

나는
하늘에
별을 안겨주었다.

우리 첫아이의
아빠가 되도록.

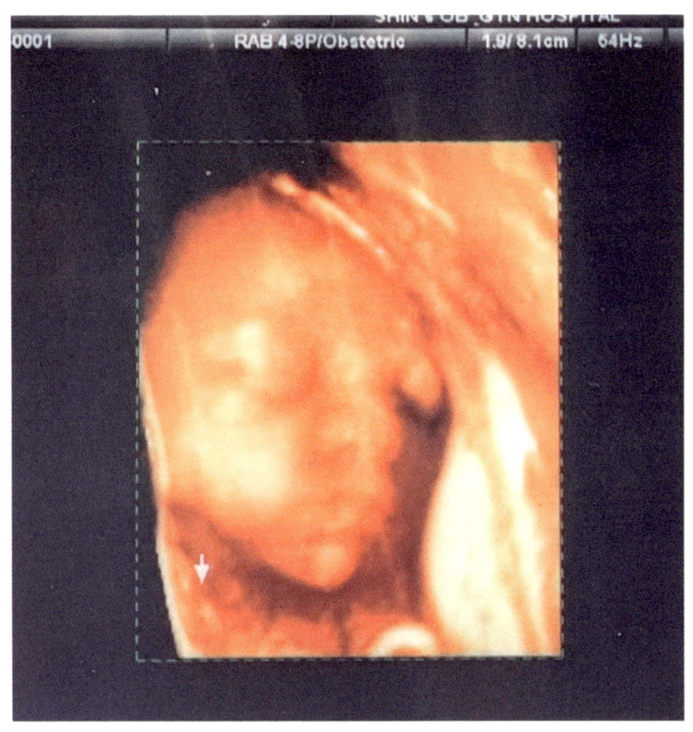

photo by 홍희정

아파하지 마라 내 아이야

가슴에
꽃을 심듯

아이의 하루가
쌓여가는 것이
부모의 삶이라면

꽃이
피기도 전에
아프지 마라 내 아이야.

밤하늘에
시든 몸을 가눠가며
사는 것은 내가 할 테니

너는
향기가 나야만
모이는 사람들 말고

너와 함께
향기를 뿜어낼 수 있는 사람들만

곁에 두고 살면서
아파하지 마라 내 아이야,

학교에서 돌아와
방문 걸어 잠그고
아파하는 너를 보면

성장하는 시간들이
아픈 것은

친구들 마음이
진실한 것보다는

너가 진심이었기 때문이라
말해주고 싶다 아이야

마음에
꽃을 꺾듯

아이의 하루가
늘어가는 것이
부모의 인생이라면,

꺾이듯
아파하지 마라 내 아이야.

빈 하늘에
멍든 마음 추스르며
사는 것은 내가 할 테니

너는
소모할 감정을
가치와 존중 앞에서만 쓴다면
너의 발걸음이
겸허할 것이며
너의 살아갈 날들이
오만보다는
미움에 찬 날보다는
의미 있는 이 세상의
단 하나
너로 살 수 있으니
아파하거나
외로워도 마라 내 아이야.

너의 아픔은
곧
나의 슬픔이 되나니.

photo by 최윤정

매일 오늘만 같아라

매일
오늘만 같아라.

돈 많은
남편과 아빠가 되고 싶어
나란 존재감을 접고 또 접어

겨우 원하는 안락함과 안정감을 가졌으니

매일
오늘만 같아라.

무너져도 보고
매일 쓰러질 듯
가장의
위태로운 고독감과
아집이
위험한 나날도
버티며 살다 보니

올 기회는

길을 만들어서라도
내게 오더라.

매일 오늘만
같았으면 좋으니

그렇게
오늘만 같아라
매일
오늘만 같이.

photo by 고 현

숨겨둔 사랑

누구나
마음에
숨겨둔 사랑은

울지 않아도
충분히 아픈 사랑일 거야 .

사는 동안에
한 번도
마음 밖으로
내놓을 수 없어

그저
마음이
숨겨둔 사랑일 테니까.

아프게
가슴에
홀로 두고

불 꺼진 방안에서야

겨우
벽에 기대어

가만히
볼 수가 있는

그런 사랑이기 때문에

그 사랑은
아무도 모르는

나만의
숨겨둔
사랑일 테니.

불 끄고
마음으로만

가만히
불러보는
그 사랑은

이미
나에겐
아무도 모르게

숨겨둔 보고픔.

설령
그것이
잘못된
사랑이라 할지라도

숨겨둔
사랑이 될지라도.

photo by 홍희정

애련

너 여기 산다
내 마음에

너 여기 산다
내 눈에도.

너 거기에 있더라
저 하늘 구름 사이에.

지금 같아서는
너 그렇게 있겠더라

내 삶에
비밀스럽게도
매일같이
애련하게.

photo by 장유선

친정 간 아내

후회했다
친정 간 아내의
빈 화장대를 보고.

끝내
미안함에

너의 창문 아래로
달려가는 나 자신이
원망스러웠다.

들어가지도
못하고
멍하니
창밖 가로등 밑에
서 있는

나 자신이
미워서
두 손으로
만지작거리기만 한

보고픔이,

후회스러웠다
그 간절함이
목메임으로
날이 밝는다는 것에.

우두커니
혼자인 강가에서
토하듯 울어버렸다.

무너진
자존심으로도
되찾을 수 없는
다툼 이전의 나날들.

서글펐다
너의 소중함을 몰랐던
내 자책하는 미욱함이.

photo by 홍희정

인연의 끝

내가
살아보니

사랑은
그 인연의 끝이 엮임에
넓이보다는 깊이더라.

내가
살아보니

그 헤아릴 수가 없는
만남과 헤어짐 속에

사랑도
넓은 것에는
깊이가 부족하거나

깊은 것에는
넓이가 모자라
인연이 끝이 나더라.

그래도
인연이라는 것은

넓은 것보다는
깊은 것만 남더라.

결국
사랑이라는
그 끝자락에서는.

photo by 고현

낙엽 비

낙엽 비가
찬바람 타고 내린다.

다가오는 겨울이

아빠처럼
찾아오는
낙엽 비를 밟고

아빠를
닮아가는 내가

그 겨울 앞에
그리움으로
서 있다

한 사람의
반려자가 되어
한 아이의
부모가 되어..

photo by 최윤정

엄마

잘게
부서져
묻혀버린
기억 저편에

엄마의
낙엽 밟는 소리가
눈물이 된다.

엄마 생전에

사랑하는
마음 한번
표현하지 못한

눈 속에는
흑백사진 같은
기억들만 가득할 뿐.

그 그리움은

가을 담벼락을
타고 넘는
칼바람 되어
내 마음을 도려낸다.

곤히
잠든
내 자식 얼굴

바라보다
생각나는 엄마가

아픔으로
나를 헤집으시니

나는
칠흑같이 긴 밤에

이를
어찌해야 하나
눈물만
짓누른다.

photo by 오경아

욕심

애써 그려서

채워 넣으려 했던
아이의 삶.

이제야
채워질 수 없는

그러할 수 없다는
내 텅 빈 후회.

내 욕심을
구겨서

그 작은 가슴에
채워 넣으려만 한

내 억지가
욕심이었더라.

지독한

부모 욕심으로

이제야
아픈 후회는

사춘기 아이의
방황 속에

까닭과
이유만 되더라.

지가
갈 길
다 있다면서
나를 외면하는
내 아이의 눈빛 속에는.

photo by 고 현

사회생활

형식적이고
이기적인
사람들을 대면하는 내가

사회생활 속
만나야 하는
모든 관계가
우울하다.

말이 더 간결해야 했나?
사는 것에

모든 것이
회색빛으로 굳어가는
내 마흔아홉의
겨울은

쉰 살의 문 앞에서
버거운 가장의
우울을 버리고 싶어만 할 뿐.

말을 잃어간다
추운 겨울에

새벽
전철 안

목석같은
출근길만
즐비하다.

청춘도
없었을법한
시든 꽃잎 같은
군상들이
표정도 없이.

photo by 홍희정

봄날 꽃씨 같은

나이
오십이 넘어

기억 속에는
봄날 꽃씨처럼

내 품에
안겼던 그녀가 서 있다.

바람이
창문을 흔드는
가을 이 밤에

가냘픈 숨소리로
내 가슴을 파고든다
그녀가.

안쓰럽게
늙어가는 아내로 잠든
그녀의 이 밤.

오십 초반이 넘어
갱년기 앞에 선
그녀를
가만히 안아본다.

세월이 가도
내 마음속엔

그녀가
봄날 꽃씨 같은
충분한 애인이니까.

photo by 고경현

육순의 어느 날

어느
시인은 말했다

하늘을 우러러
한 점 부끄러움이 없기를 바란다고.

하지만
육순의 세월을 살아온
내 하늘은 달랐다
부끄러움의 크기가.

손으로
하늘을
가릴 수 없을 만큼

살아온 세월이
간혹 아파올 때는

등 뒤에서 어김없이
지나온 삶에 나만이 알고 있는

부끄러움이 나를 쳐다본다

그것도
육순의 어느 날이
말도 없이 물끄러미.

photo by 고경현

수국의 눈빛

계절을 넘어서
홀로 남겨져

빛바랜 수국이
당신을 닮아

세월에
휘청이는 나를
마른 눈빛으로

가슴 시리게
바라본다.

그래도
단아한
당신 모습에

수국의
그윽한 눈빛은
말이 없어도

사랑으로만 가득하더라.

여름 햇살 가득한
담장 아래서
청춘 같은
한낮 더위 가신 그늘 아래
해가 떨어지도록.

photo by 최윤정

내 꽃

너는
내 꽃이다

봄과 여름
그리고
가을을 지나 겨울이 와도

나는
너만 알고

네가
나만 위해 피는
그렇게 넌 내 꽃이다.

이제는
그 꽃잎도 지겠지만

오늘도
내 마음엔
가득 너만 피어있으니

아직
넌
내 꽃이다.

나만 바라보고
묵묵히 한자리에서

꽃잎이 떨어지고 시들어도

그래도 넌

언제나
나만의
내 꽃이어라
꽃이 지는
그날까지는.

photo by 홍희정

남심

가을
고목 밑에
나를 앉히고

남심을
술잔에 담아

목젖이 젖게끔
가을을 마신다.

산과 들
그리고 바다가
진미 반상의
안주가 되어
시원한 바람은
귓가에
기억 속 가을 노래만
실어 나른다.

적당히 따스한
햇살은

쓴웃음 짓는
술잔에 내리꽂히고

풀어헤친 남심을
가버린 세월들만
가멸차게 헤집고 들어오니

초점 흐린 눈빛이

산이고, 들이며, 바다를
한 젓가락 거하게 집어

이를
안주 삼아
울컥한 술잔을
삼키게 할 뿐.

가을에 취한
남심은
가버린 세월조차
애비로 살아갈 길이 바빠서
그마저 그리워도 못하더라.

photo by 소희연

굴국밥

허름한 국밥집에 들어가
힘없이 홀로
어머니 같은 국밥을
뜨겁게 목구멍에 삼킨다.

울음인지는 몰라도
이제는
옷깃을 세워도
멋스럽지 않은

세월 지나
머리카락도 텅 빈 이마가
욕실 거울 앞에
이제는 고개 숙인 어색한
초로의 남자뿐이라
굴국밥 김 서림에
얼굴만 파묻는다.

은빛 숟가락에
비춰지는
품 떠난 자식 얼굴은

오늘도 말없이 핸드폰만
물끄러미 만지게 할 뿐.

까만 기억 속
내 엄마도 이랬겠지 하는 울컥함에
뜨거운 굴국밥만 삼킨다
허겁지겁
입천장만 뜨겁도록.

photo by 오경아

예전보다 더

변명 없이
군말도 없이
당신을 사랑하겠습니다.

서로
다른 깊이의
사랑을 가졌다 하더라도

힘없이
내 손을 잡은

하얀 당신의 손이
침대에서 떨어지니

분주한 응급실 병실이
원망스러운 이유만
이 밤하늘에 가득합니다.

서로
다른 크기의 사랑을
가지고 살았다 하더라도

이젠
자식들 둥지 틀어 떠나고
온전히
당신만을 사랑할 수 있는데

그 힘없는
눈빛이
병실 천장만 바라봐

당신이
밉기만 한 이유가

서럽게
밤하늘에 가득할 뿐입니다.

이제 나는
쓰러진 당신의 웃음소리도
다시는 들을 수가 없음보다도

중환자실에 그대를
예전보다 더 당신을
사랑할 수 있음에도

이제 나는
만약에 홀로

남아야 할 두려움에
긴 병실 복도
한구석에서
웅크려 웁니다.

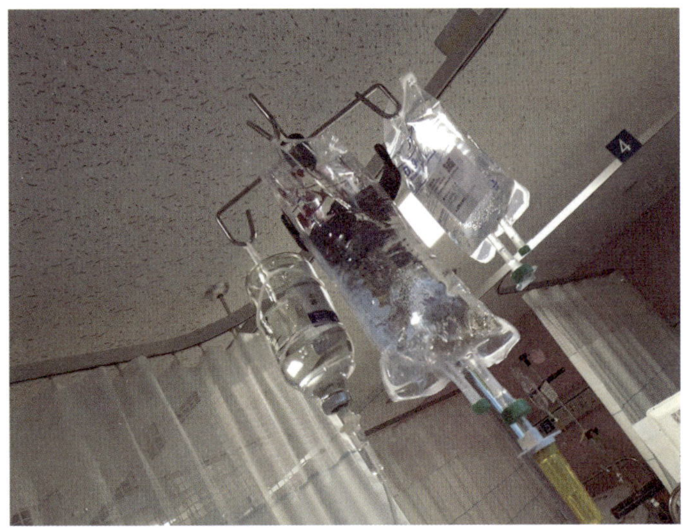

photo by 장유선

천상에서 만나리

당신의
기억을 뒤지다가

기어코 찾아낸
그리운 체취에

울다
바라본 하늘엔

당신 얼굴이 아니라

온통
붉은 노을뿐이라
또 울었습니다.

당신과 살아온
시간을
무심히 바람만 부는 날
한 움큼 유골로 쥐고 있는
나를 맴도니

겨우 버티고 있는
하루들이

나 살아야 하나
하늘만 아는 오늘이
길기만 합니다.

이 세상 왔다가

천상으로 돌아가도

당신을 다시 만날 수만 있다면

나 이제라도
하늘에 가고 싶습니다.

자식들은 모르는

당신을 향한
미안함과

이 세상
내게 남겨진 숨에

한 올의

미련조차 없으니

나 이제
이승에서는
당신을 보내겠습니다

나
천상에서 그대를
다시 만날 테니까.

이젠
굿바이
나의 사랑이여

이젠
안녕
나의 당신이여

그날이 오는
그날까지만.

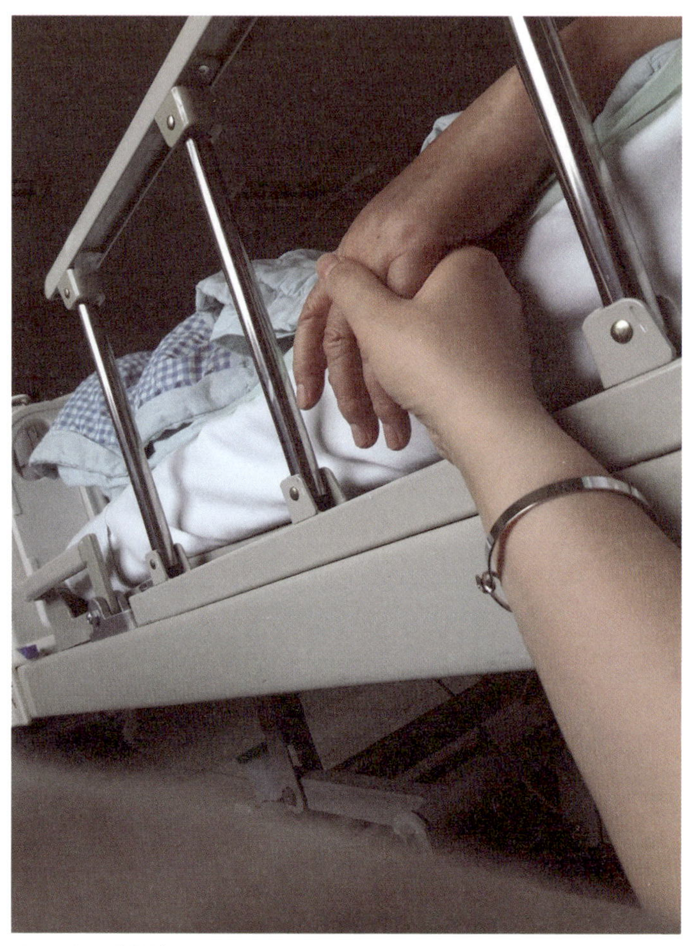

photo by 장유선

에필로그

사는 것이 등이 시려서 시작한 작업들, 살아온 세월이 느슨하게 연결되는 시간들 속에 조바심이 났었다.

이 세상을 꿈속같이 왔다가 나 왔던 곳으로 돌아갈 날들이 다가오면서 엄습해오는 자신의 정체성과 존재감이 늘 납덩이처럼 가슴을 짓눌렀다.

그래서 시를 쓰기 시작했고 그래서 내가 살아가더라도 어느 빈 책상 한구석에라도 먼지 속에 남아있을 시집 한 권 남기게 됐다. 살다 간 흔적으로.

이 시집이 '나 아니면 너' 우리의 이야기로 단 한 사람에게라도 살아가는 데 휴식이 되고 위안이 되며 힘이 될 수만 있다면 더 바랄 것이 없다, 내 인생은.

탈고의 순간까지 2년이 조금 넘는 시간이 걸렸지만 보람과 의미가 충만하다. 많은 분들의 관심과 사랑, 참여와 응원, 그것은 감동이었다.
내 생에 몇 안 되는 소중한 감동.

이 시집을 그 모든 분들께 바치며 오늘로 소풍 같은 작업의 펜을 놓는다.

2022. 8. 25.
의송 고 호 배상
E-mail gbh0109@hanmail.net

photo by

홍희정 (아마추어 사진 활동가)
소희연 (문화기획 소희연 대표)
장유선 (동양화가, 아마추어 사진 활동가)
오경아 (아마추어 사진 활동가)
최윤정 (아동권리 전문지도사, 실버 코칭 지도자, 아마추어 사진 활동가)
고경현 (청년 사업가, 아마추어 사진 활동가)
고　현 (경희대 소프트웨어 융합 전공 학생, 아마추어 사진 활동가)
고　건 (연세대 채육교육학 전공 학생, 아마추어 사진 활동가)

시집 발행에 사진 도움을 주신 분들께 깊이 감사드립니다.

고 호 산문시 1집

너 아니면 나의 이야기

발행일 2022년 9월 6일
지은이 고병호
발행인 김승호

발행 도서출판 다선
인쇄기획 도서출판 예술
등록번호 제2002-000080호(2002.3.21)
주소 서울시 마포구 양화로6길 9-24 동우빌딩 4층
연락처 010-2493-2232
E-mail gksh0691@hanmail.net

ISBN 978-89-5916-958-0　03800

* 책값은 뒤표지에 표시되어 있습니다.